Roma Xiron

Gradas
Graons

Ramon
Xirau
Gradas
Graons

Traducción y prólogo
de Andrés Sánchez Robayna

Preliminar de Octavio Paz

Edición bilingüe catalán-castellano

Galaxia Gutenberg

Galaxia Gutenberg,
Premio TodosTusLibros al Mejor Proyecto Editorial, 2023,
otorgado por CEGAL (Confederación Española de Gremios
y Asociaciones de Libreros).

Traducción del catalán y edición al cuidado de Andrés Sánchez Robayna

Publicado por
Galaxia Gutenberg, S.L.
Av. Diagonal, 361, 2.º 1.ª
08037-Barcelona
info@galaxiagutenberg.com
www.galaxiagutenberg.com

Primera edición: noviembre de 2024

© del texto: Universidad Nacional Autónoma de México (UNAM), 2024
© de la traducción y el prólogo: Andrés Sánchez Robayna, 2024
© del preliminar: Herederos de Octavio Paz, 2024
Reservados todos los derechos
© Galaxia Gutenberg, S.L., 2024

Preimpresión: Maria Garcia
Impresión y encuadernación: Romanyà-Valls
Sant Joan Baptista, 35, La Torre de Claramunt-Barcelona
Depósito legal: B 12285-2024
ISBN: 978-84-10317-06-2

Preliminar

Octavio Paz

Hay hombres que son árboles, otros que son montañas o ríos. Ramon Xirau, lo he dicho más de una vez, es un hombre puente. Su persona y su obra unen vertientes diversas, comunican tierras separadas. Catalán de México, en él confluyen el Altiplano y el Mediterráneo, dos civilizaciones y dos lenguas: filósofo y poeta, su obra, en los momentos más plenos y mejores, es la conjunción de la inteligencia y la sensibilidad. La historia de Occidente es la historia de la discordia entre la poesía y la filosofía, entre la razón y la imaginación; desde su origen, sin embargo, en momentos raros y aislados, el pensar vuelve a ser lo que fue en el origen: idea y visión, canto y reflexión. *Gradas* es, en nuestro tiempo y en nuestras letras, uno de esos momentos. Lector de Ramon Xirau desde hace muchos años, siempre me había sorprendido tanto por su prosa concisa y rápida –vistas vertiginosas de paisajes intelectuales– como por sus breves poemas, exclamaciones, estallidos, puñados de sílabas luminosas. Pero el pensamiento y el canto, aunque en continua comunicación, vivían en mundos separados.

En *Gradas*, la comunicación se vuelve unión: las ideas son formas que podemos ver, tocar, oír; las imágenes, a su lado, poseen una vibración que no es física sino espiritual. Volvemos a pensar con los ojos, con el cuerpo. *Gradas* es un gran poema hecho de claridades entretejidas en las cuales el *adentro* y el *afuera* se interpenetran hasta hacerse una sustancia diáfana, que nos lo deja ver todo, llevado por ella misma. Todo es visible, fuera de la presencia, oculta en su propia transparencia. Ante ella, dice Xirau, el lenguaje cambia de naturaleza: *Orar (no, no hablar, orar)*. La oración es canto. *Gradas*: poema del entusiasmo y de la contemplación, procesión de palabras que dicen *gregoriosament* la gloria del ser.

O.P.

Prólogo

Andrés Sánchez Robayna

Graó: peldaño, escalón, grada, grado. Muchos datos de los poemas de Ramon Xirau nos aclaran no sólo el valor exacto (del que hablaré enseguida) de la palabra *graons* sino también el sentido último de esta experiencia poética. Se nos habla, aquí, de «caballos» y de «fuentes»; se nos habla de Eckhart y de Ramon lo Foll (Ramon Llull). Los símbolos clásicos de la experiencia mística –los grados, los peldaños de la «escala»: la «caballería», la de los *Upanishads* y la que «a vista de las aguas descendía»; la fuente, en fin, «que mana y corre»– han sido retomados por Xirau en el largo poema de once secciones que da título al libro. Pero no hay aquí tan sólo una incorporación de símbolos, no hay tan sólo adherencias estéticas: *Gradas* es una escritura de símbolos porque ella misma queda definida como el reino de «las palabras hijas de la Palabra». Los peldaños de *Gradas* son los de la «escalera arrojada» de Wittgenstein.

Gradas comienza con una presentación escenográfica cuyo marco expresivo reaparecerá en distintos fragmentos del poema. Leamos esos versos iniciales:

Las estrellas nos miran lentamente,
se cierran las bahías. El arco
de luz cerca los cabos en la ruta del fuego,
foques, banderas en las barcas, fosco
el fuego atónito de las naranjas,
el aguanueva de los naranjales. Las bridas
de los caballos pensados, pesados, imaginados,
levemente nos guían igual que las estrellas,
miedosa noche, no puede con nosotros
tu oscuridad de marivientos
y raíces en el acantilado. Ah, todo canta, canta
en las encrucijadas del desierto: arco breve del mar.

A partir de aquí, el poema irá avanzando hacia más despojadas zonas de visión, después de recorrer sucesivos círculos de expresión densa y acumulada. El juego de palabras, la paronomasia que inunda el tejido verbal, e incluso, en ocasiones, el neologismo y el *portemanteau* (cruces, fusiones que recuerdan al Juan Ramón Jiménez de *Espacio*), irán construyendo un arco de visiones y símbolos. La peculiar puntuación, además, participa en este juego de fusiones –con las frases, ahora– para crear una atmósfera de plenitud visionaria. Un reino de contemplación.

A raíz de la imagen de la *barca*, algunos lectores han querido asociar el poema de Xirau al mundo de otro poeta catalán, Salvador Espriu. Extraño paralelismo: imposible pensar en dos poetas más alejados. La dicción de Xirau, al contrario que la de Espriu –estoica y absolutamente controlada–, es arrebatada y tensa. Y en cuanto a la presencia de aquella imagen en ambos autores, recordaré que aparece igualmente en otros poetas contemporáneos: pienso en el Bonnefoy de *Dans le leurre du seuil* y en sus crepusculares paisajes de orilla. No: el reino de Xirau no es el de Espriu ni el de Bonnefoy, aunque todos son poetas del ámbito metafísico, del «ámbito del ser». Lo que distingue a Xirau es, propiamente, la libertad de la dicción, su sentido de la diafanidad verbal, la fluidez del verbo que teje en su curso la visión y da lugar al canto, un canto a veces gregoriano («gregorianamente el canto nace de la barca») con tonos de Francisco de Asís y de Maragall (*Cant espiritual*). En su preliminar al libro, Octavio Paz lo ha visto con claridad: «En *Gradas*, la comunicación se vuelve unión: las ideas son formas que podemos ver, tocar, oír; las imágenes, a su lado, poseen una vibración que no es física sino espiritual. Volvemos a pensar con los ojos, con el cuerpo. *Gradas* es un gran poema hecho de claridades entretejidas en las cuales el *adentro* y el *afuera* se interpenetran hasta hacerse una sustancia diáfana». Libertad, fluidez, diafanidad.

Gradas no es el único poema del libro homónimo; otras dos secciones, «Del Mismo y del Otro» y «Poemas breves», lo complementan. La primera es también un poema extenso de rasgos parecidos a los del poema precedente. En su ensayo sobre Teilhard de Chardin (de su libro *Palabra y silencio*), Ramon Xirau habló del panteísmo como «una ecuación totalizadora», como una filosofía que identifica *sustancialmente* Dios y mundo. El tema explícito de Dios, en los dos poemas mayores del libro, coincide con el tema del mundo natural como suma de símbolos; la alusión a una imagen de Lezama Lima («los animales más finos», en la sección octava del poema *Gradas*) me hace pensar, ahora, en el «fideísmo» del que Xirau ha hablado en su examen de la obra poética de Lezama. Panteísmo, fideísmo: estamos ante una religiosidad abierta, explícita, no de esa otra religiosidad de latencia o trasfondo que observamos en algunos poetas metafísicos de nuestro tiempo. El tema último de Xirau es el título de uno de sus primeros libros: el *sentido de la presencia*. El poeta lo ha dicho claramente:

Surtidor, vaso y Venus es todo y es ahora.
¿Tan sólo ahora? ¿Ahora pasajero? No,
ahora cuando somos sentido de la presencia,
ahora que no es momento ni ser sino raíz.

Y es a esa presencia a la que el poeta vuelve siempre: la presencia que, en la palabra y en el silencio, le revela el «saber», aquel que «está en las gradas del naciente mar»; ese Dios «que es Dios en cada / trozo del mundo». Llamar *panteísmo* a la visión de Xirau, sin embargo, es decir bien poco: el carácter esencial de *Gradas* viene dado por la inserción de esa postura en un marco «sinfónico», total, en la estructura redonda, cíclica, del poema; un carácter, en definitiva, *hímnico*. Arcos de luz, de aguas, de aves, levantados como un reflejo. Reflejo de la *presencia* cuyo sentido es la totalidad y la unidad.

Tres poemas de la sección final, «Poemas breves» –con un título común: «Templo»–, prolongan la atmósfera de dicción arrebatada de los poemas mayores, e insisten en parecidas imágenes y símbolos. El mundo natural es un reflejo, pero «el mundo es tal y como se ve». Están el templo y el Templo, el mundo natural y la imagen. El poema es el puente, el arco luminoso que los une. En su libro *Poesía y conocimiento*, Xirau ha escrito: «¿Podemos conocer? Podemos conocer y conocernos siempre que sepamos que por nosotros pasa este gran lenguaje del Universo». A ese gran lenguaje se refiere el final de *Gradas*, arco, puente por el que pasa el lenguaje que es el gran Lenguaje:

las estrellas nos miran lentamente,
se cierran las bahías. El arco de la luz
a pesar de Dolor, canta, todo canta,
cuando las naranjas maduras, en el campo
verde caen y son luz,
ah, mar, de barcas, barcas, barcas,
en la bahía abierta, en el cristal
de la bahía de las barcas, barcas, cuando

las naranjas se abren en el cielo.

En ese espacio de arrebatada visión tiene lugar el
poema. Mejor dicho: ese espacio *es* el poema.

A.S.R.

GRADAS
GRAONS

A Joaquim Xirau Icaza,
també poeta, en memòria

A Joaquim Xirau Icaza,
también poeta, en memoria

Nota mínima

Tot poema és visible, no explicable. Certament el lector pot veure en el poema imatges i conceptes que l'autor de vegades ignora. Inútil intentar explicar els meus poemes. Em semblen únicament necessaris uns breus aclariments. «M'illumino / d'immenso» *és, tots ho sabem, el curt i extraordinari poema d'Ungaretti. En aquest poema tres referències:* «pou de Babel» *es refereix a Kafka, el desert que creix a Nietzsche. La mort de Déu no desvetllava en l'esperit de Nietzsche gaire entusiasme. Bé sabia que si Déu es mor el desert està creixent. La cita de Jeremies (21-4) és incompleta i molt lliure. Les Veres Creus fan referència, en* «Temple II», *a les dues ciutats que es varen fundar per primera vegada en aquest país que després seria Mèxic. Haroldo de Campos, gran amic i gran poeta, el seu germà i Décio Pignatari varen fundar la poesia concreta sobre la qual he escrit ja fa temps. Acabo de rebre el llibre d'Haroldo, gran coneixedor de la poesia provençal,* Xadrez de estrelas. *El meu poema és un comentari i un homenatge.* Sentido de la presencia *va ésser el meu primer llibre; més ben dit, el primer llibre que, escrit*

Nota mínima

Todo poema es visible, no explicable. Ciertamente, el lector puede *ver* en el poema imágenes y conceptos que el autor a veces ignora. Es inútil explicar mis poemas. Solamente me parecen necesarias unas breves aclaraciones. *M'illumino d'immenso* es, lo sabemos, el corto y extraordinario poema de Ungaretti. En este poema tres referencias: «pozo de Babel» se refiere a Kafka, el desierto que crece a Nietzsche. La muerte de Dios no despertaba en el espíritu de Nietzsche ningún entusiasmo. Bien sabía que si Dios ha muerto el desierto está creciendo. La cita de Jeremías (21-4) es incompleta y muy libre. Las Veras Cruces hacen referencia, en *Templo II*, a las dos ciudades que se fundaron por primera vez en este país que después sería México. Haroldo de Campos, gran amigo y gran poeta, su hermano y Décio Pignatari fundaron la poesía concreta sobre la cual escribí hace ya tiempo. Acabo de recibir el libro de Haroldo, gran conocedor de la poesía provenzal, *Xadrez de estrelas*. Mi poema es un comentario y un homenaje. *Sentido de la presencia* fue mi primer libro; mejor dicho, el primer libro que, escrito el

l'any 1953, encara considero meu. Res més: el poeta calla perquè puguin viure lliurement els poemes, tots ells escrits durant l'estiu i la tardor de 1978.

R.X.

San Ángel, Mèxic, 1978

año 1953, aún considero mío. Nada más: el poeta calla para que puedan vivir libremente los poemas, todos ellos escritos durante el verano y el otoño de 1978.

R.X.

San Ángel, México, 1978

I

Graons

I read somewhere of a sephered who, when asked why he made, from within fairy rings, ritual observances to the moon to protect his flocks, replied: «I'd be a damn' fool if I didn't». These poems, with all their crudities doubts and confusions, are written for the love of Man and in praise of God, and I'd be a damn' fool if they weren't.

DYLAN THOMAS,
«Nota», *a* Collected Poems *(1952)*

I

Gradas

I read somewhere of a shepherd who, when asked why he made, from within fairy rings, ritual observances to the moon to protect his flocks, replied: «I'd a damn' fool if I didn't!». These poems, with all their crudities, doubts, and confusions, are written for the love of Man and in praise of God, and I'd be a damn' fool if they weren't.

DYLAN THOMAS,
«Nota», en *Collected Poems* (1952)

---

* Leí en alguna parte sobre un pastor que, cuando se le preguntó por qué hacía, dentro de los anillos de hadas, reverencias rituales a la luna para proteger sus rebaños, respondió: «¡Sería un tonto si no lo hiciera!». Estos poemas, con todas sus asperezas, dudas y confusiones, están escritos por amor al hombre y en alabanza a Dios, y sería un tonto si no lo estuvieran.

Un poema? Poemes diferents? Crec que un poema.
Decideix, lector.

¿Un poema? ¿Diferentes poemas? Creo que un poema. Decide tú, lector.

I

Les estrelles ens miren lentament
s'acluquen les badies. L'arc de llum
rodeja els caps en el camí del foc,
focs i banderes en les barques, fosc
el foc esbalaït de les taronges,
en l'aiguanova els tarongers. Les brides
dels cavalls pensats, pesats, imaginats
lleugerament com els estels ens guien,
poruga nit no ens venç la teva fosca
de marivents i rels en la falesa.
Ah, tot canta, tot canta, tot canta
en les cruïlles del desert: arc breu del mar.

Caramar, astre-neu, sí a poc a poc
m'enlluernen (el Sol en les escumes
fa castells breus de marineu i blat).
Els pagesos es mouen –moure's lleu–
com a casa de Brueghel, com els rius
que es mouen; no, que es nuen
en les pintures altes dels balcons oberts
en les petjades d'un somni que reflexen

I

Las estrellas nos miran lentamente,
se cierran las bahías. El arco
de luz cerca los cabos en la ruta del fuego,
foques, banderas en las barcas, fosco
el fuego atónito de las naranjas,
el aguanueva de los naranjales. Las bridas
de los caballos pensados, pesados, imaginados,
levemente nos guían igual que las estrellas,
miedosa noche, no puede con nosotros
tu oscuridad de marivientos
y raíces en el acantilado. Ah, todo canta, canta
en las encrucijadas del desierto: arco breve del mar.

Caramar, astronieve, poco a poco
me deslumbran (el sol en las espumas
hace castillos breves de marinieve y trigo).
Los labriegos se mueven –leve moverse–
como en casa de Brueghel, como
los ríos que se mueven; no: que se anudan
en las pinturas altas de balcones abiertos,
en las huellas de un sueño que reflejan

les puríssimes
aigües d'un ull que no veig ni puc veure
amb ulls carnals, oh déus del mar
oh déus encesos de la mar.

(Grup exacte, intacte de flors grogues
en els camins del bosc, en les dreceres
de la mirada em cerquen, beuen, canten,
no, no em muren. Ah, barques. Poc
a poc a poc els àngels de ponent i vent
riuen, les flors de cada ximbla
m'esperen no sé on o ho sé poc
més enllà de les fonts, ah, barques.
Tot és un exercici de bellesa
en les ones blavenques.)

Les ximbles, les mirades del cap
–mar endins– creixen, flors d'escuma.
Migdia. Tot és silenci i en la roca
creix l'esguard Teu jamai visible
i semprement, eternament visible
com les ones visibles totes sorra
com la soca i la fusta totes lleus
com la senzilla llum memoriosa
                                        Ment.

las purísimas
aguas de un ojo que no veo ni puedo
ver con ojos carnales, oh dioses de la mar,
oh dioses encendidos de la mar.

(Grupo intacto y exacto de flores amarillas
en las sendas del bosque, en los atajos
de la vista me buscan, beben, cantan –no,
no me buscan. Ah, barcas. Lentamente
los ángeles de viento y de poniente
ríen, las flores de agnocasto
me esperan no sé dónde o lo sé poco,
más allá de las fuentes,
oh barcas. Todo es un ejercicio de belleza
sobre las olas azulencas.)

Los agnocastos, las miradas del cabo
–mar adentro–, flores de espuma, crecen.
Mediodía. Todo es silencio y en la roca
el mirar Tuyo crece, nunca
visible, y siempremente, eternamente
igual que el oleaje visible arena todo
como tronco y madera todos leves
como la luz sencilla memoriosa
                                    Mente.

(Xisclen gavines-naus or lleu i Déu
pensar del pensament esgarrifat el bec
restauradorament illenc i creu i crec
mimosallumdesficideshonestohfleuve
d'un esguard irritat, malivol, maridol
oh barques, barques, barques,
                              oh les barques.)

Una fulla navega en aquest riu
i és verda i pura mar de llum i mar.

(Chillan gaviotas-naves oro leve y Dios
pensar del pensamiento estremecido el pico
restauradoramente isleño y cree y creo
mimosaluzcongojadeshonestaohfleuve
de mirar irritado, malquiere, marduele
oh barcas, barcas, barcas,
                              oh las barcas.)

Una hoja navega en este río
y es verde y pura mar de luz y mar.

II

Els fruits i els curts miratges de la nit
són blancs cadells. Encesament arc cel
Martí de l'Arc –i Déu on és, on és?
Bé ho saben herbes verdes, verdes,
bé ho saben els graons del mar ixent,
bé ho saben els ocells matinejants,
bé ho saben les orugues en les herbes
que Déu és Déu en cada tros de món,
en cada tros de glaç i glaçament
més enllà de les coses Déu de coses,
barques neixen i tornen, filles clares
de barques-llum, de barques cos a barlovent.

En les platges serenes de la tarda
canten els fills de Giotto, mur a mur,
els fills del món, els fills del Fill.
Prou, el silenci parla. Prou. Silenci,
parla. Prou el silenci calla
calladiu, calladament Et diu.
Una pregària –les naus del mar naveguen–,
una pregària –les roses mar naveguen–,

II

Las frutas y los cortos mirajes de la noche
son cachorros blancos. Cielo encendidamente arco,
Martín del Arco –¿y dónde, dónde Dios?
Bien lo saben las yerbas verdes, verdes,
bien lo saben las gradas del naciente mar,
bien lo saben los pájaros madrugadores,
bien lo sabe la oruga de las yerbas
que Dios es Dios en cada
trozo del mundo, trozo de hielo y heladura
más allá de las cosas Dios de cosas,
barcas nacen y vuelven, hijas claras
de barcas-luz, de barcas cuerpo a barlovento.

En las playas serenas de la tarde, cantan
descendientes de Giotto, muro a muro,
hijos del mundo, hijos
del Hijo. Basta, el silencio habla. Basta.
Silencio, habla. Basta el silencio calla
calladizo, calladamente Te dice.
Una plegaria –naves del mar navegan–,
una plegaria –las rosas mar navegan–,

una pregària; les ruïnes
tornen cap a la forma exacta de l'origen.
Pregar (no, no parlar, pregar)
veure't en les fulles daurades,
gregoriosament el cant neix de la barca,
el cant brolla en la fusta viva de la barca.

una plegaria; las ruinas
vuelven hacia la forma exacta del origen.
Orar (no, no hablar, orar),
verte en las hojas doradas,
gregorianamente el canto nace de la barca,
el canto brota en la madera viva de la barca.

III

Cruixen sorres
dansen rius
i Tu rius i Tu jugues,
Mestre Eckhart ho ha dit:
«Ell riu i juga».

Els salzes es fan rius
i els rius es tornen salzes,
tot l'univers es mira
en l'esguard dels Teus ulls.

Ah, en el mar, pomeres,
ah, en el mar, els cops de vent
revira vira
viravent.

III

Crujen arenas
danzan ríos
y Tú ríes y juegas,
lo ha dicho el Maestro Eckhart:
«Él ríe y juega».

Los sauces se hacen ríos
y los ríos se vuelven sauces,
todo el universo se mira
en la mirada de Tus ojos.

Ah, en el mar, manzanos,
ah, en el mar, la ventisca
revira vira
viraviento.

IV

Fiblen, abelles, les estrelles
calladament, Cadell. Silenci.
Canten. Tot canta. El mal?
És en el món i no és el món
i la mort i la mort i la mort
i la mort de la mort?
L'ànima viva de les algues sap
que la mort no és pas mort,
sap que va néixer per matar la mort.
Lleugerament, lleugeres, les gavines
són barques barques
rodejadores d'illes.

IV

Punzan, abejas, las estrellas
calladamente, Cachorro. Silencio.
Cantan. Todo canta. ¿El mal?
Está en el mundo y no es el mundo
y la muerte y la muerte y la muerte
¿y la muerte de la muerte?
El alma viva de las algas sabe
que la muerte no es muerte,
sabe que nació para matar la muerte.
Ligeras, ligeramente, las gaviotas
son barcas barcas
rodeadoras de islas.

V

He entrat sense saber-ho en el teu Temple
les músiques tocades i passades són presents
però dura l'oïda no sent res. El temple és bell
i és vell el Temple dels murs vius,
on la flor d'humitat és flor d'humilitat.
Quantes veus en els orgues, en l'ogiva,
quantes veus en el silenci transparent
quantes i quantes veus, oh barques!
He entrat en el teu Temple
de terra-or, de terra-brasa encesa.
En els murs les veles d'Aquells homes
viuen encara blanques, netes. On Ets?
No hi ha ni lloc, ni espai ni temps on siguis
Tu; no hi ha cercles ni esferes clares.
Escoltem, ulls mortals, en el silenci,
concentrats, vius, atents en el
                                Silenci.
Cap al Teu mar penetren lentes barques,
penetren lentament les nostres barques.

V

Sin saberlo he entrado en tu Templo,
las músicas antiguas y tocadas son presentes,
pero, duro, el oído no oye nada. El templo es bello
y es viejo el Templo de los muros vivos,
la flor de la humedad es la flor de humildad.
¡En la ojiva, en los órganos, cuántas
voces, cuántas en el silencio transparente,
cuántas y cuántas voces, oh barcas!
He entrado en tu Templo
de tierra-oro, tierra-brasa encendida.
En los muros las velas de Aquellos
hombres viven aún, limpias y blancas. ¿Dónde Estás?
No hay lugar ni espacio ni tiempo donde estés
Tú; no hay círculos ni claras esferas.
Escuchemos, ojos mortales, en el silencio,
concentrados, vivos, atentos en el
                                        Silencio.
Hacia Tu mar penetran lentas barcas,
penetran lentamente nuestras barcas.

VI

Risc i roc en el moll i roc i ribes,
fauna de fred en el centre del foc.
La fosca cau ara que ens mires
(sí, recordem aquell pinzell
que dibuixava els peixos de la nit
en el centre de l'aire –té un nom
té un nom la mà que el porta, nom-pinzell).
La fosca cau, acluca neus,
deslliura veus. El cos de l'ombra
viu de paraules, les paraules
viuen de la Paraula, foc
que és la «Raó ardent» en el claustre de foc.
És el foc pur de les hores precises,
és, però pot dir-se que és allò que és?
Més val mirar pomes i oliveres,
mirar roques eternes,
les escumes eternes, els escuts de la fauna,
les ombres sempre ombres del Peix sempre
que juga i riu i juga en el seu mar.

VI

Riesgo y roca en el muelle y roca y costas,
fauna de frío en el centro del fuego.
La oscuridad cae ahora que nos miras
(sí, recordemos
aquel pincel que dibujaba los peces de la noche
en el centro del aire –tiene un nombre,
tiene un nombre la mano que lo lleva, nombre-
    pincel).
Cae la oscuridad, cierra las nieves,
libera voces. El cuerpo de la sombra
vive de palabras, las palabras
viven de la Palabra, fuego
que es la «Razón Ardiente» en el claustro de fuego.
Es el fuego de las horas precisas,
es, ¿pero puede decirse qué es?
Vale más contemplar olivos y manzanos,
mirar rocas eternas,
las espumas eternas, los escudos de la fauna,
las sombras siempre sombras del Pez siempre
que en su mar ríe y juega.

VII

Cau l'aiguamoll, cau el món, cau mullat
feixuc, obscur cap al silenci negre,
cap a l'altre silenci. Els metalls
semblen fondre's no pas de foc, no pas de neu,
sí de les ales brutes. Cau a fons, a plom
la nit, cau el mar. S'esberlen els ocells
un instant, deia Kierkegaard, és la condemna
(un instant és també la salvació).
Però feixucs, pàl·lids, bruts de nit morta
cauen els cants, és a dir, cau el món,
aiguamoll, moll d'aigua, mullat vent
mulladament, feix de garbes de fosca
absent de llum. I ja no és l'aigua, no és el foc,
no és ja la terra, no és ja el vent-aigua?
Els elements es fonen, desafinen, desesperen.
Però si la Mort i la Vida són instants,
¿no pot, en les aigües del moll, moll a moll,
renéixer plena de color
                    la Vida?

VII

Cae el pantano, cae el mundo, cae mojado,
pesado, oscuro, hacia el silencio negro,
hacia el otro silencio. Los metales parecen
fundirse no por fuego, no por nieve,
sí por las alas sucias. Cae a fondo, a plomo,
la noche, cae el mar. Las fibras de los pájaros
se quiebran un instante, decía Kierkegaard, es
la condena (un instante también la salvación).
Pero pesados, pálidos, sucios de noche muerta,
caen los cantos, es decir, cae el mundo,
pantano, muelle de agua, viento mojado
mojadamente, haz de gavillas de oscuridad
ausente de luz. ¿Y no es ya el agua, no es ya el fuego,
no es ya la tierra, el viento-agua no es ya?
Los elementos se funden, desafinan, desesperan.
Pero si Vida y Muerte son instantes,
¿no puede, en las aguas del muelle, muelle a muelle,
renacer llena de color
                        la Vida?

VIII

Llum de llum i mar de mar,
remor de llum i llum de veus
en el crit de les nits, les orenelles.
Tot un desert de llum blavosa
en els cercles del guix, en les voreres
de la tarda, en el migdia fosc
com si les fruites de la llum
ja no visquessin, com si les heures
pugessin amb les ones fosques,
com si les ombres fossin llum absent
de vida, de paratges, de plomatges.
Calmosament tot és lent,
tot és calma d'una mala calma,
tot desconhort en l'hort del desconhort.

A poc a poc lentes veles vives,
les riuades del sol en les dreceres,

en les espigues, en els ulls, la vida
de noies blanques en les torres d'or
en els ulls de l'infant –ah, barques–

VIII

Luz de luz y mar de mar,
rumor de luz y luz de voces
y en el grito nocturno, golondrinas.
Todo un desierto de azulosa luz
en los círculos del yeso, en las orillas
de la tarde, el oscuro mediodía
igual que si las frutas de la luz
ya no vivieran, como si las hiedras
subieran con las olas oscuras,
como si las sombras fueran luz ausente
de vida, de parajes, de plumajes.
Calmadamente todo es lento
y todo calma de una calma mala,
todo desconsuelo en el huerto del desconsuelo.

Poco a poco las lentas velas vivas,
las riadas del sol en los atajos,

en las espigas, en los ojos, la vida
de muchachas blancas en las torres de oro,
en los ojos del niño –ah, barcas–

47

tota la fosca es ja Raó Ardent.
Les xarxes pesquen peixos diminuts,
les diminutes xarxes. Són peixos breus
imatges de llur Signe. Glorioses
les mans del Signe es posen en el món
i la mort-vida és vida i és ja vida la mort
viuen, reviuen, parlen pedres pures
oh barques, només aquest camí.

Les barques han sortit i ara retornen
amb l'or del Peix, oh mar de mar
mar i terra llegibles, flors del Llibre,
el de Ramon, el de Joan, el de Francesc,
arranquen signes amb els cants de l'arpa
Llibre de les Rotacions, llibre dels cants,
llibre dels «animals més fins».
Venen les barques?
                    Oloroses de llums llunyanes
i properes, oloroses de fustes i de rems
vénen les barques clares, vénen barques,
eternes en les onades i en les platges.

toda la oscuridad es ya Razón Ardiente.
Las redes pescan peces diminutos,
las redes diminutas. Son peces breves,
imágenes de su Signo. Gloriosas
las manos del Signo se ponen en el mundo
y la muerte-vida es vida y ya vida la muerte
viven, reviven, hablan piedras puras
oh barcas, solamente este camino.

Las barcas han salido y ahora vuelven
con el oro del Pez, oh mar de mar
mar y tierra legibles, flores
del Libro, el de Ramón, el de Juan, el de Francisco,
arrancan signos con los cantos del arpa
Libro de Rotaciones, libro de los cantos,
libro de los «animales más finos».
¿Vienen las barcas?
                    Olorosas de luces alejadas
y cercanas, olorosas de remos y maderas
vienen las barcas claras, vienen barcas,
eternas en las olas y en las playas.

IX

Un doll, un vas de llum, la Venus
de les algues, ponts on davallen pedres
ponts on passen les ones dels cavalls.
Venus i doll i vas és tot i és ara.
Ara només? Ara passaderenc? No,
ara que som sentit de la presència,
ara no pas moment ni ésser sinó arrel.
Tot és Memòria.
Un cavall, un pont, una gavina,
un pou de llum perforador de cels,
passen, passen, barques de l'aire barques,
un doll, un vas, una Venus en l'alga.

IX

Un surtidor, un vaso de luz, la Venus
de las algas, puentes donde bajan las piedras,
puentes por los que pasan las olas de caballos.
Surtidor, vaso y Venus es todo y es ahora.
¿Tan sólo ahora? ¿Ahora pasajero? No,
ahora cuando somos sentido de la presencia,
ahora que no es momento ni ser sino raíz.
Todo es Memoria.
Un caballo, un puente, una gaviota,
un pozo de luz perforador de cielos,
pasan, pasan, barcas del aire barcas,
un surtidor, un vaso, la Venus en el alga.

X

En el Temple de llum
castells de mar endins
i cel endins el Temple
fa castells.

Mireu les ombres, el ponent,
«dolcíssim»?

Mireu les ombres, el ponent,
vivent?

Tot home és cec, mira les ombres
mira cec, cec, «dolcíssim»
el Ponent?

Tot home veu,
quan mira, les paraules del Temple,
del seu Temple,
la Barca.

X

En el Templo de luz
castillos de mar adentro
y cielo adentro el Templo
hace castillos.

Mirad las sombras, el poniente,
¿«dulcísimo»?

Mirad las sombras, el poniente,
¿vivo?

Todo hombre es ciego, mira las sombras,
mira ciego, ¿ciego, «dulcísimo»
el Poniente?

Todo hombre ve,
cuando mira, las palabras del Templo,
de su Templo,
la Barca.

XI

Barques de la mar blava,
les oliveres rams i el rem de tot ocell
parlen el cant, Gregori, d'una llum
que no permet tenebres. S'obren els llibres,
s'obren tots els signes –barques, barques–
les estrelles ens miren lentament,
s'acluquen les badies. L'arc de llum
malgrat Dolor, canta, tot canta,
quan les taronges, madures, en el camp
verd cauen i són llum,
ah, mar, de barques, barques, barques,
en la badia oberta, en el cristall
de la badia de les barques, barques,

quan les taronges s'obren en el cel.

XI

Barcas del mar azul,
los olivos ramos y remos de todo pájaro
hablan, cantan, Gregorio, de una luz
que no admite tinieblas. Se abren los libros,
se abren todos los signos –barcas, barcas–
las estrellas nos miran lentamente,
se cierran las bahías. El arco de la luz
a pesar de Dolor, canta, todo canta,
cuando las naranjas maduras, en el campo
verde caen y son luz,
ah, mar, de barcas, barcas, barcas,
en la bahía abierta, en el cristal
de la bahía de las barcas, barcas, cuando

las naranjas se abren en el cielo.

II

Del Mateix i de l'Altre

... i l'esperit obres d'amor cobeja.

AUSIÀS MARCH

Vagissement des eaux tournantes et lumineuses.

SAINT-JOHN PERSE

Vestri texta nitent luce serena.

SEDULIUS SCOTUS

II

Del Mismo y del Otro

… i l'esperit obres d'amor cobeja.

AUSIÀS MARCH

Vagissement des eaux tournantes et lumineuses.

SAINT-JOHN PERSE

Vestri texta intent luce serena.

SEDULIUS SCOTUS

I

Llargament, amplament, i remorosament
passen els arbres en el camp i l'aire
ens viu, ens vol, ens canta, ens parla
amor a ran de morta morta amor.
La vida de l'ocell del pou, narcís,
molt gerd i tendre enamorat ocell
rema, sí, rema, rema, rema, rema
i s'enfonsa en el cel i s'enfonsa en el Sol
el Sol, ocell perfecte el Sol vermell
i el Sol morat, el Sol encès, morat?

Passen somnioses moltes naus
en el somni del somni, en el costat
invisible del somni, en l'altre joc
on juga un univers que no és, no és
aquest univers nostre enrevessat,
girat, voltat, és Altre, és Altre,
alt, bell i diferent d'ell neixen les paraules
i les naus rosaloses, les ginestes
altres varien mots i diuen lentament
rosamarvent, verdiblaumar.

I

Largamente, ampliamente y rumorosamente
pasan los árboles en el campo y el aire
nos vive, nos quiere, nos canta, nos habla
amor a ras de muerta muerta amor.
La vida del pájaro del pozo, narciso,
muy fresco y tierno enamorado pájaro
rema, sí, rema, rema
y se hunde en el cielo y se hunde en el Sol
el Sol, perfecto pájaro el Sol rojo,
el Sol morado, el Sol encendido, ¿morado?

Pasan soñadoras muchas naves
en el sueño del sueño, en el costado
invisible del sueño, en el otro
juego en que juega un universo que no es, no es
este universo nuestro enrevesado,
girado, del revés, es Otro, es Otro,
alto, bello y distinto, de él nacen las palabras,
las naves rosalondra, las retamas
otras cambian palabras y dicen lentamente
rosamarviento, verdemarazul.

L'Altre, on és l'Altre?
Les paraules no ho diuen
les paraules no ho canten.
I tanmateix ho diuen les paraules,
Altre que ens cerca, ens veu, ens vol,
dolor de llum, on ets, on ets llumdol?
En el ponent reneixen les paraules
ixent-ponent, marivent les paraules.
Ponent és alba, és claracalma
és llum, és nau, és Ell, el nom
del Sense Nom, del Sense Signe
etern, etern com és etern el mar
com és etern, eternament
                              el vent.

Les lloses llepen llums.
                    No l'he dit l'Altrament.
El diuen alguns mots,
                    el diuen aquests mots?:

cavalls de fonts enamorats de barques,
salzes de llum enarborats de fosca,
daurades i dofins, el narcís, la ginesta,
la cepada dels ulls, el groc estel i joc
les arcades, les ones

El Otro, ¿dónde el Otro?
No lo dicen las palabras,
no lo cantan las palabras.
Y sin embargo ellas lo dicen.
El Otro que nos busca, y nos quiere y nos ve,
¿dónde, dolor de luz, dónde, luzduelo?
Renacen las palabras en poniente,
en naciente-poniente, palabras mariviento.
Poniente es alba, es claracalma,
es luz, es nave, es Él, el nombre
del Sin Nombre, del Sin Signo
eterno, eterno, como el mar eterno,
como es eterno, eternamente
                                    el viento.

Las losas lamen luces.
                        No he dicho al Otramente.
Lo dicen algunas palabras,
                        ¿lo dicen estas palabras?:

caballos de fuentes enamorados de barcas,
sauces de luz enarbolados
de oscuridad, doradas y delfines, la retama, el
    narciso,
los racimos del ojo, el amarillo estrella y juego,
las arcadas, las olas

                    transparents
onadament, enamoradament,
Altrament, Altrament
neixen tots llum els salzes,
llargament, amplament i remorosament.

transparentes,
oleadamente, enamoradamente,
Otramente, Otramente
nacen los sauces todos luz,
largamente, ampliamente y rumorosamente.

II

Creu-me Creu i cap de Creu i creu
que portaves tu sol, creu de l'orvent,

la creu navega enmig dels mars,
mira, remira:
navegues creu
en totallum, en totamar
i ens fas renéixer, néixer, veure,
el llac del món.

Pastoreja la mar el timoner
i les aranyes nuvolosa escuma
ens veuen, ens demanen,
poca cosa.

Té un nom?

Sí, un nom, paraula d'alba
un nom oh Nicolau
de Krebs que ens diu:

II

Créeme Cruz, cabo de Cruz y cruz
que llevabas tú solo, cruz del oroviento,

la cruz navega en medio de los mares,
mira, remira:
cruz, navegas
en todaluz, en todomar,
nos haces renacer, nacer y ver el lago
del mundo.

Pastorea la mar el timonel
y las arañas nebulosa espuma,
nos contemplan, nos piden
poca cosa.

¿Tiene un nombre?

Un nombre, sí, palabra de alba
un nombre oh Nicolás
de Krebs

és el Màxim i el Mínim
tot l'univers i un bri.

La cepada se'ns il·lumina, tota
Oh, vell Stéphane,
tu que El vols abolir...

Creu-lo al de Krebs
i les naus ocellades
s'enfonsaran endins del cel
per a sorgir
en l'altre món
de l'Altrament.

que nos dice: es Máximo y es Mínimo
el universo entero y una brizna.

Y los racimos se nos iluminan
todos, oh viejo Stéphane,
tú que Lo quieres abolir...

Cree al de Krebs
y las naves aladas
se hundirán en el cielo
para resurgir
en el otro mundo
de Otramente.

III

L'or Altre som nosaltres
i les campanes greus
llunyanes
fan un himne de blau i transparent
i niua en l'or del camp
la remorosamor
del blat i del narcís
i del gerani, verd, clar, vermell,
blau fosc, taronges canten,
en el llaç de les flors.

I naveguen les naus, les aus, les naus.

III

El oro Otro somos
nosotros, y las graves,
lejanas
campanas de allá lejos hacen un himno
de azul y transparente, y anida
en el oro del campo
el rumorosamor
del trigo y del narciso y del geranio,
verde, claro, rojo, azul oscuro, cantan
naranjos en el lazo de las flores.

Y navegan las naves, aves, naves.

IV

Les noies en el camp
nues i clares miren
estels i morts i neus

(el lladre passa arran de les cepades).

Oh Déu,
el nom del món que veig o que no veig,
és un remar de flors,
és un remar de salzes
transparents

(els lladres passen a la vora dels vims).

El nom del món
és una llum, un llac
un prat no gens escatimat
una ciutat d'aurores,
una ciutat d'aurores

(el lladre es fon en les nits de la fosca)

IV

Muchachas en el campo
claras, desnudas, miran
estrellas, muertes, nieves

(cruza el ladrón a ras de los racimos).

Oh Dios,
el nombre del mundo que veo o que no veo
es un remar de flores,
es un remar de sauces
transparentes

(cruzan ladrones cerca de las cañas).

El nombre del mundo
es una luz, un lago,
una pradera nada escatimada,
una ciudad de auroras,
una ciudad de auroras

(el ladrón se funde en las noches de lo oscuro)

i rosamón, molt lentament,
molt lentament,
les noies en el camp
>   *són or d'aurores*
>   *ah remorosament.*

y rosamundo, lentamente,
muy lentamente, las muchachas
en el campo
                son un oro de auroras
                        ah rumorosamente.

V

Forja la llum enmig d'aquesta fosca,
encén els arbres d'aquell bosc que dorm
–aura alba malva–,
forja el temps, forja l'or
–les noies no pas or sinó raïms–,
oh forjador:
la fosca creix
la fosca de l'espai
                        exonerat d'estels.

Lentament, amplament –o remorosament?–
forja la llum del dia,
els núvols de l'espai,
els núvols tots ferits de foscardent,
forja el món de la llum,
Ramon lo foll,
                l'Ocell del Sol respira
forja la llum del dia.

Campanes que canten a toc d'alba,
rems que ens remouen a toc d'alba.

V

Forja la luz en medio de esta oscuridad,
enciende el árbol
de aquel bosque que duerme –aura alba malva–,
forja el tiempo y el oro
–racimos, no oro las muchachas–,
oh forjador:
crece la oscuridad,
lo oscuro del espacio
                    descargado de estrellas.

Lentamente, ampliamente –¿o rumorosamente?–,
forja la luz del día,
las nubes del espacio,
nubes todas heridas de oscuridad ardiente, forja
el mundo de la luz,
Ramón el loco,
              el Pájaro del Sol
respira, forja la luz del día.

Campanas que tocan en el toque del alba,
remos que nos remueven en el toque del alba.

Lentament –giravents,
amplament– claranit,
en el camí del Temps.

Lentamente, giravientos,
claranoche, ampliamente,
en la senda del Tiempo.

VI

Deia Vico: «Ogni nazione gentile
ebole un suo Ercole il quale fa figlio
di Giove».

    Ha nascut la paraula.
Jo no parlo, no parlo,

     em parla la paraula:

perquè digui jo platges, arbres, fonts, les galàxies,
les naus, les aus, les neus, les platges,
les plantes grogues i grogues les cepades,
el cànem, les cireres, els cactus i les dones,
Dona i tots aquests infants Infant
i les figueres, les onades verdes,
vermell el vent vermell.

I dic, no dic,
les portes de la casa de la llum,
no el blanc, no el blanc, no el blanc,
sinó els colors, volem tots els colors:
el joc, joc dels raïms i dels colors.

VI

Decía Vico: *Ogni nazione gentile*
ebole un suo Ercole il quale fa figlio
di Giove.
            La palabra ha nacido.
Yo no hablo, no hablo,
                    me habla la palabra:

para que diga yo playas, árboles, fuentes,
galaxias, naves y aves, playas, nieves,
las plantas amarillas, amarillos racimos,
los ciruelos, los cáñamos, los cactos, las mujeres,
Mujer y todos esos niños Niño
y las higueras, verdes oleadas
y rojo el viento rojo.

Y digo, no digo,
las puertas de la casa de la luz,
no el blanco, no, no el blanco, sino
los colores, queremos todos los colores:
el juego de racimos, el juego de colores.

VII

Germinen terres pures, germinen fulles d'or,
germinen els nius clars i germinen les herbes:
una mirada diu colors i cants,
encantament dels cants,
les escales del vent,
                    els ombratges del roure,
els pous de llum, els pous de llum,
el cos de la nit blava
                    tot germinadament,
lentament, calmadament, remorosamorosa,
remor del vent, comença en l'horitzó,
el cop del mar, el cop del Sol, el cant de l'arc,

passen molt lentament les altres aus,
passen molt lentament les altes aus.

VII

Germinan tierras puras, germinan hojas de oro,
germinan claros nidos y germinan las yerbas:
una mirada dice cantos y colores,
encantamiento de los cantos,
las escalas del viento,
                las sombras de los robles,
pozos de luz, pozos de luz,
el cuerpo de la noche azul
                todo germinadamente,
lentamente, calmadamente, rumorosamorosa,
rumor del viento, empieza el horizonte, el golpe
del mar, del sol, el canto de la arcada,

las otras aves cruzan lentamente,
las altas aves cruzan lentamente.

VIII

El nostre Altre, tot és clar en el paisatge,
les veles de la mar, els salzes en el camp,
les amors en els ulls, els sols camí del Sol,
claror del món, claror del nostre sol,
ones, ones, rius breus,
                                    ah, platges:

el llimoner, tot verd,
                                    il·lumina l'espai

i lentament, enamoradament, tot és bellesa.

Tot és clar, tot senzill.
Mireu:
el món és tal i com es veu.

VIII

Nuestro Otro, todo es claro en el paisaje,
las velas en el mar, los sauces en el campo,
el amor en los ojos, los soles hacia el Sol,
claror del mundo, claror de nuestro sol,
olas, olas, ríos breves,
                          ah, playas:

el limonero todo verde
                          ilumina el espacio

y lentamente, enamoradamente, todo es belleza.

Todo es sencillo, todo claro.
Mirad:
el mundo es tal y como se ve.

III

Poemes breus

III

Poemas breves

Avui

Mirem el blat
                    present present
mirem-lo espigolar
                    vent de mar vent
mirem les atzavares
                    retornen els ocells
mirem les festes d'or
                    en el blegar del mar
espigolen instants
                    els timoners del temps
déus de pluja
                    transparents
                              cap al centre
del temps
            l'atzavara i el blat
estel de nit matí
                    ara que veure és veure
en el blat groc i neu
                    atzavares de blat.

Hoy

Contemplemos el trigo
                        presente presente
veámoslo espigar
                viento de mar viento
contemplemos los agaves
                      los pájaros regresan
miremos las fiestas de oro
                        en los pliegues del mar
espigan los instantes
                  timoneles del tiempo
dioses de lluvia
                transparentes
                      hacia el centro
del tiempo
            los agaves y el trigo
estrellas de noche mañana
                      ahora que ver es ver
en el trigo amarillo y nieve
                      los agaves del trigo.

Temple I

Les pluges no han minvat. Un crit molt lleu
de sol canta dibuixa poca llum,
les rels mullades l'or mullat de la pedra
el camí de les pedres humitat el cant el cant
perdut. Un raig de llum –verda la fosca verd
el camí de les plomes el camí de les fonts.
Molt poca llum silenci en els espais
verds negres de la fosca.

El mur és un indici, el banc és una roca
elemental porosa, Biblos i velles Veres Creus
On és la llei?
                    L'espai és molt tranquil
i molta angoixa cau en les cambres molt verdes
en el verd de les ombres, en el verd de la fosca.

Sentim el cant? És molt llunyà i molt pur.
No sents el cant? És molt proper i molt pur.

Templo I

Las lluvias no han cesado. Un leve grito
del sol canta dibuja poca luz,
las raíces mojadas el oro mojado de la piedra
la senda de las piedras humedad el canto el canto
perdido. Un rayo de luz –verde lo oscuro verde
la senda de las plumas la senda de las fuentes.
Muy poca luz silencio en los espacios
verdes y negros de lo oscuro.

El muro es un indicio, el banco es una roca
elemental porosa, Biblos y viejas Veras Cruces.
¿Dónde la ley?
                        Es muy calmo el espacio
y mucha angustia cae en las salas muy verdes,
el verde de las sombras, el verde de lo oscuro.

¿Escuchamos el canto? Es muy lejano y puro.
¿No escuchas ese canto? Es muy próximo y puro.

On és el Temple? Si mires bé les ombres
tot és cant
i neix la llum i neix la llum i canta clar l'ocell.

El temple, en la claror vermella de la fosca.

¿Dónde el Templo? Si miras bien las sombras
todo es canto
y la luz nace y nace y canta claro el pájaro.

El templo, en el fulgor rojizo de lo oscuro.

Temple II

No sé si el temps ens cerca anell de llum
no sé si les naus blaves
veuen ones de llum en el camí
del temple. No sé si les mirades de les ones
reneixen en les fulles, en les heures,
en les sorres.

Les cruïlles del vent, les fires del matí
encenen, nit endins,
les moreres del foc.
Món: exercici dels equilibris lleus
cau i no cau en el capvespre encès,
no sé si ens veu en les heures del temple.

Ens mira, ens mira, ens mira Sensenom?

Sé que el silenci esclata
en les maduixes vives
de la tarda.

Templo II

No sé si el tiempo nos busca anillo de luz,
si las naves azules
ven olas luminosas en la senda
del templo. No sé si las miradas de las olas
renacen en las hojas, en las hiedras,
en las arenas.

Los cruces de los vientos, las ferias matinales
encienden, noche adentro,
las moreras del fuego.
Mundo: ejercicio de equilibrios leves
cae y no cae en el ocaso vivo,
y no sé si nos ve en las hiedras del templo.

¿Nos mira, nos mira, el Sinnombre nos mira?

Sé que el silencio estalla
en los fresales vivos
de la tarde.

Temple III

Cada fulla repeteix, infinita i puntual,
les ogives del claustre,
arquitectes antics o potser somniats
caminen llum a llum pels vitralls

(la tardor s'accentua, els arbres són més clars
i la llum és més pura quan l'ocell
–pardal de paradís–
contempla els moviments, espantadís,
molt lents de l'arbre).

Oh etern recolliment de llum!
Ones del mar distant en les ogives
i el cant en els vitralls vivents de l'aigua.

Templo III

Cada hoja repite, infinita y puntual,
las ojivas del claustro,
arquitectos antiguos o soñados acaso
andan de luz en luz por los vitrales

(se acentúa el otoño, son más claros los árboles
y la luz es más pura cuando el pájaro
–gorrión del paraíso–
asustadizo mira los movimientos
lentísimos del árbol).

¡Recogimiento eterno de la luz!
Olas del mar distante en las ojivas
y el canto en los vitrales animados del agua.

Ram i rem

El ram d'aloses, no, el ram del rem
i les herbes feixugues, les lleugeres
mirades del raig enmig del bosc
i la pregària en el plec de les hores
i el ram i rem de les serenes
estrelles del ponent

tot viu en el camí del bosc
les bestioles i les ones d'herba
les hores pas i les pregàries actes
en el rem i en el ram, oh timoner,
de l'arc del cel

on neixen, on viu, on mor el bosc, el bosc
on neix, on riu, on es lamenta, encès,
el càntic de les fonts, la fona de les hores,
on viu on viu? Només sabem
que altres veus altes parlen:
remeu el ram del rem.

Ramo y remo

El ramo de alondras, no, el ramo del remo
y las hierbas pesadas, las ligeras
miradas del rayo en medio del bosque
y la plegaria en el pliegue de las horas
y el ramo y el remo de las serenas
estrellas del poniente

todo alienta en el camino del bosque
las bestezuelas y las olas de hierba
las horas paso y las plegarias actos
en el remo y el ramo, oh timonel,
del arco del cielo

¿dónde nacen, dónde vive, dónde muere el bosque,
dónde nace, dónde ríe, dónde se queja, vivo,
el canto de las fuentes, la honda de las horas,
dónde vive, dónde? Solamente sabemos
que otras voces altas hablan:
remad el ramo del remo.

Ombres de llum

Castellera de núvols i de mars
s'alcen les ones cauen en el cos
de la nit en el cos de la llum
naus núvols naus d'arbres

Nuvolades d'ocells
nuvolades de naus
es nuen es renuen
en les platges

Castellera dels núvols
el castell de les aus
cau lentament
en l'oblit somniat
castellera de núvols.

Sombras de luz

Cargazones de nubes y de mares
se alzan las olas caen en el cuerpo
de la noche en el cuerpo de la luz
naves y nubes naves de árboles

Grandes nubes de pájaros
grandes nubes de naves
se anudan y reanudan
en las playas

Cargazón de las nubes
el castillo de aves
cae lentamente
en el soñado olvido
la cargazón de nubes.

M'illumino d'immenso

Al meu pare, Joaquim,
i a la meva mare, Pilar

En els paratges de l'aigua, en les dreceres
de la nit, dels mars dels felins núvols,
en el silenci que canten font i llum
les obres de la terra, fulles, ritmes,
cants, paraules, mirades, vol del peix
lleu.
    Tot és antic i bell, tot és antic,
tot bell?

Bell el dolor i bella la caiguda
en el pou de Babel, bella la mort?
Roques, espines, nits, pedres que es moren
(romàntiques, potser, les pedres-flors que es moren),
és bell el mal, és bell el mal del món?

No hi ha resposta. Vivim enlluernats
pel desert que creix en terres balbes,
i tot és bell?

M'illumino d'immenso

A mi padre, Joaquín,
y a mi madre, Pilar

En los predios del agua, en los senderos
de la noche y los mares de las nubes felinas,
en medio del silencio que entonan fuente y luz
las obras de la tierra, ramas, ritmos,
cantos, verbos, miradas, vuelo
del leve pez.
                    ¿Todo es antiguo y bello, todo
antiguo y bello?

¿Bello el dolor y bella la caída
en el pozo de Babel, bella la muerte?
Rocas, espinas, noches, piedras que se mueren
(románticas, quizá, las piedras-flor que mueren),
es bello el mal, es bello el mal del mundo?

No hay respuesta. ¿Vivimos ofuscados
por el desierto que crece en las tierras ateridas,
y todo es bello?

On és, on és el Fill? Aquest poema
parla massa i parla poc. On ets, on ets?
Job fa preguntes i tots som sempre Job.

En les cireres tendres, transparents,
on ets?
          En les cavernes creixen breus
les herbes verdes.
«Aquí estic contra tu, Senyora d'aquest vall,
oh roca de la plana, oracle del Senyor
tu dius, què ens pot fer por, qui entra
en cases nostres? T'hauré de castigar,
ho mereixen els actes. Cremaré tot el bosc
i tot ho cremaré,
tot el que a tu, Jerusalem, et volta.»

No Jeremies, no. Pensem-la lluminosa
la fi de Job quan reneixen els arbres
i aquest món bell i vell
treballa en el dolor cap a l'amor,
perquè els estels, les obres, les dreceres
fan llums d'immensitat.

¿Dónde, dónde el Hijo? Este poema habla
a la vez demasiado y poco. ¿Dónde estás, dónde
  estás?
Job hace preguntas y todos somos siempre Job.

En las cerezas tiernas, transparentes,
¿dónde estás?
            En las cavernas crecen breves
las hierbas verdes.
«Aquí estoy contra ti, Señora de este valle,
roca de la planicie, oráculo del Señor,
dices, ¿qué nos puede dar miedo, quién entra
en nuestras casas? Habré de castigarte,
lo merecen los actos. Quemaré todo el bosque,
todo lo quemaré,
todo lo que te envuelve a ti, Jerusalén.»

No, Jeremías, no. Pensemos el luminoso
fin de Job cuando los árboles renacen
y este mundo bello y viejo
trabaja en el dolor hacia el amor,
pues los astros, las obras, los senderos
forman luces inmensas.

Xadrez de estrelas

Els estels juguen als escacs
enamoradament
                        Vou ao mar
e descubro minha fábula primeira.

Orígens marcamar
els jocs juguen tots sols
ens miren ens apropen
a rel de pedra pomes

é descobrir

que el mar i el pi neixen
re
neixen.

Escacs d'estels
                        un joc?
Joc en efecte de les llums precises
que ens diuen
que tot és en la vida malibé.

Xadrez de estrelas

Las estrellas juegan al ajedrez
enamoradamente
        Vou ao mar
e descubro minha fábula primeira.

Orígenes marcamar
los juegos juegan solos
nos miran nos acercan
a rel de pedra pomes

é descobrir

que el mar y el pino nacen
re
nacen.

¿Ajedrez de estrellas
              un juego?
Juego sí de las luces precisas
que nos dicen
que todo es en la vida malybien.

Heu inventat la poesia
Haroldo, Décio, Augusto
poema marcamor
en l'heura dels estels

(les escumes i els prismes
de les pedres).

Les pedres
            en la platja
                        barregen
verd blau i groc.

Oh la passió d'amor, Arnau Daniel,
oh la passió de mort
oh la passió dels cels escacs de llum
en el vent evident.

Habéis inventado la poesía
Haroldo, Décio, Augusto
poema marcamor
en la hiedra de las estrellas

(las espumas, los prismas
de las piedras).

Las piedras
        en la playa
                mezclan
verde azul y amarillo.

Oh la pasión de amor, Arnau Daniel,
oh la pasión de muerte
oh pasión de los cielos ajedreces de luz
en el viento evidente.

Sempre

Per a Ana María

Oiseau tranquille au vol inverse oiseau
qui nidifie en l'air.

APOLLINAIRE, Alcools

Niues i nidifiques en l'aire, ocell,
en els pous de l'espai respires
ocell
viure és potser mirar i sempreviure
i som migcecs
        seria tan senzill
pintar amb pinzells molt fins
les fulles dibuixades en el mur
serà si seria
       ah les hores no canten.

Néixer renéixer en un món
               d'espais niuats
de pedres foc en les ombres de llum
com la fulla que vola groga i barca

Siempre

Oiseau tranquille au vol inverse oiseau
qui nidifie en l'air.

APOLLINAIRE, *Alcools*

Anidas, nidificas en el aire, pájaro,
respiras en los pozos del espacio
pájaro
vivir es acaso mirar siemprevivir
y estamos mediociegos
                      sería tan sencillo
pintar con pinceles muy finos
las hojas dibujadas en el muro
será sí sería
              ah las horas no cantan.

Nacer renacer en un mundo
                    de espacios anidados
de piedras fuego en las sombras de luz
como la hoja que vuela amarilla y barca

en les zones d'alisis
                    somniosos
tota llum és retorn
i les ones no canten.

Caminen els carrers   caminen els amors
i tu voles ocell cap als retorns
quietud quietud
                    viure, mirar i veure
l'or del retorn
                    en el record fiblat
d'abelles no de febres no
                            de calmes
clares calmes.

Preveu ocell
            niuada en altres aires
en els pous de l'espai,
Ocell de Sempre.

en las zonas de alisios
                            ensoñados
toda luz es retorno
y las olas no cantan.

Andan las calles   andan los amores
y tú pájaro vuelas al retorno
quietud quietud
                    vivir, mirar y ver
el oro del retorno
                        en el recuerdo agudo
de abejas no de fiebres no
                            de calmas
claras calmas.

Prevé pájaro
                nidada en otros aires
los pozos del espacio,
Ave de Siempre.

GRAONS

Índice

Títulos publicados